ANALIZA KSIĄŻKI

Strach i drżenie
• • • • • • • • • • • • • •

AMÉLIE NOTHOMB

ANALIZA KSIĄŻKI

Napisany przez Nausicaa Dewez
Przetłumaczony przez Kâmil Kowalski

Strach i drżenie

· ·

Amélie Nothomb

AMÉLIE NOTHOMB

BELGIJSKA POWIEŚCIOPISARKA

- **Urodzony w Kobe (Japonia) w 1968 r.**

- **Godne uwagi prace:**

  ○ *Higiena i zabójca* (1992), powieść

  ○ *Strach i drżenie* (1999), powieść

  ○ *Forma życia* (2010), powieść

Belgijka urodzona w Japonii w 1967 roku w rodzinie dyplomatów, Amélie Nothomb spędziła swoje dzieciństwo i dorastała między Azją a Stanami Zjednoczonymi, co było spowodowane pracą jej ojca.

Ukończyła języki i literaturę romańską na Université Libre de Bruxelles. Po nieudanej próbie powrotu do Japonii, w 1992 roku opublikowała swoją pierwszą powieść, *Hygiene and the Assassin i* rozpoczęła karierę pisarki, której efektem jest wiele powieści wydawanych w regularnych odstępach czasu. Nothomb przedstawia siebie w kilku swoich krótkich powieściach, które często opowiadają o niespokojnych relacjach między ofiarą a oprawcą. Dialogi są jej ulubioną formą wypowiedzi.

Amélie Nothomb jest obecnie jedną z najpoczytniejszych francuskojęzycznych autorek, a także korzysta z własnej obecności w mediach.

STRACH I DRŻENIE

NA STYKU AUTOBIOGRAFII I FIKCJI

- **Gatunek:** powieść

- **Wydanie referencyjne:** Nothomb, A. (2002) *Fear and Trembling*. Trans. Hunter, A. St. Martin's Griffin: New York.

- **Wydanie pierwsze:** 1999

- **Tematy:** praca, Japonia, kultura, hierarchia, świat zachodni, molestowanie

Strach i drżenie została opublikowana w 1999 roku i była ósmą opublikowaną powieścią Amélie Nothomb, która zdobyła Grand Prix Akademii Francuskiej w dziedzinie romansów.

W tym autobiograficznym tekście Nothom opisuje swoje pierwsze doświadczenia zawodowe z japońską firmą. Ta książka dała możliwość zagłębienia się w japońskie społeczeństwo i hierarchiczne relacje w miejscu pracy oczami człowieka Zachodu, który próbuje się dopasować. Po raz kolejny Nothom wykorzystuje postać Amelie.

PODSUMOWANIE

NOWA PRACA

Amelie, młoda Belgijka, pierwszego dnia pracy w firmie Yumimoto przybywa do Tokio. Spotyka hierarchicznego szefa.

Pan Saito, szef działu księgowości, pan Omochi, wiceprezes i pan Haneda, sekretarz sekretarki, która ukrywała się w biurze. Jej bezpośredni przełożony był zafascynowany jej urodą. Narrator, który wciąż nie wie, że czeka go droga do piekła, podziwia Fubukiego i próbuje zabić czas, wykonując bezużyteczne zadania, o które prosił go Saito-san. Następnie postanowił podać personelowi herbatę.

Z uprzejmością narrator zawstydza japońskich robotników. Ponieważ obawiają się tego mieszkańca Zachodu, który zna ich język. Saito nakazuje jej przestać rozumieć japoński: Kiedy martwiłem się, jak zareagować na taki rozkaz, spotkałem się ze współczuciem Fubuki. Wciąż bezrobotny, zaczyna dostarczać pocztę i radośnie wyobraża sobie, jak by to było rzucić się przez okno biura, ale znowu musi zrezygnować z tej pracy. Została oskarżona o kradzież cudzej pracy. Następnie deklaruje, że jest oficjalną osobą obracającą kalendarz, dopóki pan Saito nie każe jej kopiować stosów dokumentów, co powoduje, że robi to w kółko z powodu fikcyjnych błędów.

INICJATYWA O SZKODLIWYCH SKUTKACH

W tym momencie spotyka pana Tenshi, który jest odpowiedzialny za dział produktów mlecznych. Proponuje jej pomoc w projekcie dotyczącym belgijskiej firmy. Będąc z tego kraju, Amélie mogłaby być szczególnie przydatna. Młoda kobieta z wielkim entuzjazmem rozpoczyna pracę nad projektem, ku wielkiemu zadowoleniu pana Tenshi. Ma to jednak straszne konsekwencje, gdyż Tenshi i Amélie zostają wezwani przez Omochi, który gwałtownie wypomina im ich inicjatywę. Tenshi mówi zdumiony Amelia, że Fubuki odwrócił je, bo nie mógł znieść idei jej podwładnego kariera porusza się szybciej niż jej własne. Amélie prosi o spotkanie z przełożonym, aby rzucić trochę światła na sytuację: Fubuki stwierdza, że rzeczywiście je zwróciła i mówi, że jej nie lubi.

Amélie próbuje nadać sens zachowaniu swojej przełożonej w świetle kondycji japońskiej kobiety – poddanej niesprawiedliwym regułom i pozbawionej szczęścia. Fubuki jest nieskazitelną Japonką, ale wciąż jest samotna. Wstydząc się swojego losu, próbuje uwieść każdego akceptowalnego mężczyznę, stosując żałosny rytuał zalotów.

Następnie prosi Amelię o sprawdzenie rachunku. Amelia wykonuje to frustrujące zadanie, podziwiając jednocześnie urodę swojego szefa. Kiedy jednak księgowa przejrzała jej pracę, okazało się, że popełniła kilka poważnych błędów. Rozgniewany Fubuki postrzega to jako formę zemsty: Amelie zaprzecza twierdzeniom i prosi o pracę, która wymaga używania mózgu. Fubuki każe jej sprawdzić raport z wydatków, czego Amelie nie może. Mimo to postanawia spędzić noc w pracy, aby dotrzymać terminu i pewnej nocy, kompletnie wyczerpana, nagle rozbiera się do naga na środku biura Yumimoto i chowa się pod stertą śmieci. Poranek. Po nieudanej pracy zostaje przydzielona do serwowania wszystkim drinków i korzysta z okazji, by poznać Hanedę-san.

Kiedy wiceprezydent Omochi publicznie poniża Fubuki, rozwścieczona Amelia zabiera swoją szefową do łazienki, by ją pocieszyć. Fubuki interpretuje ten gest jako chęć dalszego upokorzenia. W odwecie zatrudnia Amelię do sprzątania łazienki. W swojej nowej roli często spotyka swoich szefów, zwłaszcza Fubuki, która często patrzy na nią z góry. Fubuki uśmiecha się na twarzy.

Na kilka dni przed końcem kontraktu Amelie, która postanowiła zostać do końca, by nie stracić twarzy, podeszła do każdego szefa po kolei i powiedziała im, że nie chce przedłużać kontraktu z Yumimoto. Przyjmuje postawę doskonałego japońskiego robotnika i cieszy się, że te fałszywe wyrzuty sumienia wprawiają Fubukiego w ekstazę.

Po noworocznych wakacjach Amélie idzie do biura po raz ostatni, by w końcu odejść z ciężkim sercem. Kiedy rozpoczyna się wojna w Zatoce Perskiej, wraca do Europy i wydaje *Higienę i zabójcę*: z tej okazji Fubuki wysyła jej wiadomość gratulacyjną po japońsku, co bardzo ją cieszy.

STUDIUM POSTACI

AMÉLIE, NARRATORKA

Narrator nie podaje żadnych informacji na temat jej wyglądu. Koledzy z Yumimoto nazywają ją "Amélie-San"; nigdy jednak nie pada jej nazwisko.

Belgijka urodzona w Japonii, wraca do ojczyzny jako młoda absolwentka, aby tam pracować. Zaczyna pracę w Yumimoto's, przyjmując zamówienia od wszystkich i pełna dobrych chęci. Pragnie odnaleźć swoje miejsce w firmie, gdyż jest to niezbędne, aby mogła żyć w Japonii.

Jej dobre intencje, widoczne w jej długich godzinach pracy i chęci zrobienia czegoś wartościowego, są udaremniane przez jej umiejętności księgowe i brak znajomości japońskiego sposobu myślenia, przez co popełnia wiele błędów. Obejmuje to współpracę z Tenshi-san w celu przekroczenia swoich obowiązków. Z tego powodu nie tylko otrzymuje surową reprymendę od wiceprezydenta Omochi, ale jest też obiektem niechęci ze strony przełożonych. Od tego czasu Amelie doświadcza gwałtownego upadku społecznego w firmie, a Fubuki próbuje ją dalej upokarzać, aż zostaje zmuszona do pracy jako pomoc do sprzątania toalety na 44. piętrze. Narrator jest dotknięty następującymi upośledzeniami: Są szalone momenty, kiedy rozbierasię w pracy i zawija w śmieci. Upokorzona płacze w toalecie. Wyobrażając sobie, że rzuciła się przez okno, uciekła z biura. Jednak Amelie jest też dumna i zdeterminowana, bo mimo upokarzającej pracy nie chce odejść i jak przystało na prawdziwą Japonkę, postanawia zostać z Yumimoto do końca jej kontraktu.

Doświadczenie zawodowe spotyka się z porażką: nie mogąc zaadaptować się w japońskiej firmie, narratorka nie prosi o przedłużenie kontraktu i wraca do Europy. Mimo to stwierdza, że wiele się nauczyła. To przyuczenie do zawodu widoczne jest w trzech obszarach:

- Japońskie zwyczaje: stosuje odpowiednią pokorną postawę, aby wziąć urlop od swoich pracodawców;

- Inne osoby: na początku Amélie uważa Fubuki za anioła, a pana Saito za złą postać, ale poznaje lepiej ludzi i uczy się oceniać ich z jasnością;

- Sama: narratorka dowiaduje się, że Japonia, kraj, do którego uważała, że należy, nie jest miejscem, w którym mogłaby żyć i rozwijać się. Wraca do domu, do Europy i zostaje pisarką.

PANNA FUBUKI MORI

Kierownik liniowy Amélie, Fubuki Mori, jest jedną z nielicznych kobiet w Yumimoto, które zajmują ważne stanowiska. Jej niezwykła uroda urzeka narratora od pierwszego spotkania, podobnie jak jej imię, które oznacza "zamieć". Jednak za pięknem i życzliwością Fubuki kryje się bardziej złożona osobowość.

Podczas gdy Amelia wielbi i żywi przyjazne uczucia do Fubuki, ta ostatnia czuje potrzebę upokorzenia jej. Robi z niej toaletę i odwiedza ją każdego dnia, by cieszyć się jej degradacją. Kiedy jednak narratorka opuszcza biuro, Fubuki gratuluje jej wydania pierwszej książki: nie widząc już w Amelii rywalki, jest w stanie ponownie żywić do niej przyjazne uczucia.

PAN SAITO

Księgowy ma około pięćdziesięciu lat, ma **ochrypły** głos, jest **niski, chudy** i **brzydki. Przydziela** narratorowi **głupie,** powtarzalne i bezużyteczne zadania i jest **ciągle** niezadowolony z rezultatów. **Narrator jest zaskoczony raczej niesmacznym** wyglądem pana Saito i początkowo myśli, że jest podły i głupi. Ale potem zmienia zdanie. Rzeczywiście, Saito jest urażony sposobem, w jaki go traktuje i okazuje jej życzliwość. W końcu myśli, że jest tylko jednym z tysięcy Japończyków uwięzionych w systemie, którego prawdopodobnie nie lubi, ale jest zbyt słaby i pozbawiony wyobraźni, by kiedykolwiek go pokonać.

PAN OMOCHI

Pan Omochi, wiceprezes Yumimoto, jest duży i przerażający. Często opisywany przez narratora jako mający nadwagę, je obrzydliwe potrawy, które wywołują wstręt. Na przykład, jeśli narratorka zostanie przydzielona do łazienki na 44. piętrze, musi być chętna do wykonania tej pracy, mówi bez sarkazmu. W całej powieści pan Omochi jest definiowany przez wybuchy złości, podczas których sadystycznie poniża swoich podwładnych. Wśród jego ofiar są Saito-san, Tenshi Ameliesan i Fubuki-san. Mochi reprezentuje okrucieństwo i brutalność arbitralnej władzy.

PAN HANEDA

Pan Haneda, prezes Yumimoto, jest alter ego pana Omochi. Jest bogiem, podczas gdy jego wiceprezes jest diabłem. Jednak prezes jest ukrytym bogiem. Jest jedynym strażnikiem, którego narrator nie widział, kiedy przybył. Jego wygląd jest imponujący: Ma smukłe ciało i bardzo elegancką twarz, sprawiającą wrażenie dobroci i harmonii. Piękno Hanedy jest odzwierciedleniem jego dobroci. Zdenerwował się, gdy zobaczył młodą kobietę wysłaną do łazienki, która jako jedyna okazała empatię, ogłaszając swoją rezygnację.

PAN TENSHI

Szef działu mleczarskiego, Tenshi-san, którego imię oznacza "anioł", bardzo do niego pasuje. Jego stosunek do narratora kontrastuje z postawą pozostałych postaci. Ufa jej i pociąga ją do odpowiedzialności, prosząc ją o napisanie raportu na temat belgijskich spółdzielni. Traktuje ją również z życzliwością i troską, z jaką inni pracownicy będący przełożonymi nie odnoszą się do swoich podwładnych. Od niechcenia wyraża również niezadowolenie z postępowania pana Saito i jest źródłem bojkotu toalet, kiedy narrator zostaje tam wydelegowany do pracy. Tenshi-san jest przyjaznym i towarzyskim rzemieślnikiem, ale jest też bezradny. Jego próba współpracy z Amelią zostaje upomniana przez wiceprezesa, a jego bojkot nie usuwa Amelii ze stanowiska.

ANALIZA

MIĘDZY AUTOBIOGRAFIĄ A OPOWIEŚCIĄ O POWOŁANIU

O gatunku autobiograficznym decyduje korespondencja między autorem, narratorem i bohaterami oraz istota powieści. Autor-narrator obiecuje opowiedzieć rzeczy dokładnie tak, jak je zapamiętał.

W przypadku *Fear and Trembling* wiemy, że jest to relacja autobiograficzna, głównie dzięki elementom pozatekstowym: Od momentu wydania autor zachował autobiograficzny charakter opowieści. Wskazówki tekstowe są bardziej niejasne. Niektórzy twierdzą, że powieść jest autobiografią, ponieważ:

• Tekst napisany jest w pierwszej osobie, a narrator jest głównym bohaterem;

• Główna bohaterka nazywa się Amélie i podobnie jak Amélie Nothomb jest Belgijką, urodziła się w japońskiej prowincji Kansai, ukończyła Języki i Literatury Romańskie i jest autorką *Higieny i zabójcy*.

Jednak inne elementy tekstowe zdają się wskazywać na dzieło fikcyjne:

• Książka opatrzona jest podtytułem "powieść";

  ○ Narratorka wyjaśnia, dlaczego zdecydowała się nazwać firmę, w której pracuje, Yumimoto, przyznając tym samym implicite, że nazwa ta jest przeróbką rzeczywistych faktów.

Lęk i drżenie to także historia powołania autora do pisania. To powołanie jest właściwie opisane jako wybór drugorzędny. Na początku tekstu Amelia pragnie przede wszystkim dopasować się do firmy Yumimoto, połączyć się z krajem, o którym myślała, że do niego należy. Jej pierwszym powołaniem jest życie w Japonii. Narratorka decyduje się zostać pisarką dopiero wtedy, gdy dostrzega swoją niezdolność do życia i pracy w Japonii. Następnie udaje się z powrotem do Europy i publikuje *Higienę i zabójcę*.

INTERTEKSTUALNOŚĆ W TYTULE

Dla europejskiego czytelnika tytuł ten jest wyraźnym przypomnieniem książki Kierkegaarda (1813-1855) *Strach i drżenie* (1843).

Zgodnie ze starą cesarską etykietą, do cesarza należy podchodzić ze strachem i drżeniem ze względu na jego boską naturę. Dlatego też Amelia zaczyna drżeć, gdy ogłasza przełożonym swoją decyzję o przejściu na emeryturę. Zdaje się, że zapożyczyła tytuł swojej powieści z japońskiej etykiety, a nie z tradycji europejskiej. Jednak przez całą powieść narrator wydaje się nie być w stanie pogodzić tej japońskiej etykiety i ciągle popełnia błędy. W tym momencie w końcu odniosła sukces i dostosowała się do swoich przyzwyczajeń. Chodzi o wygląd, a nie rzeczywistość: Strach i drżenie są efektem świadomej i przemyślanej autoekspresji, przyrównanej do poczynań samurajskich aktorów filmowych. Znajomość tych kodów to umiejętność, którą Amelie nabywa dość późno i po jej odejściu. Uniemożliwia połączenie Narratora z Japonią. Tytuł Strach i Drżenie mówi zatem o niepowodzeniu poszukiwań Amelie, które prowadzą ją do kariery pisarskiej.

ZAMKNIĘTA PRZESTRZEŃ

Akcja Strach i Drżenie rozgrywa się w całości w kwaterze głównej Yumimoto. Najpierw w biurze rachunkowym, potem w łazience na 44 piętrze. Nic nie mówi się o życiu narratora poza firmą. Istnieją trzy główne powody, dla których sama narratorka uzasadnia ten wybór narracji.

- Praca pochłania większość jej czasu;

- To, co dzieje się na zewnątrz, jest nieistotne;

- Z miejsca jej upokorzenia, czyli z toalet, w których pracuje jako toaletowa, świat zewnętrzny wydaje się nierealny.

Powieść rozwija tylko jeden wątek – pracę narratora w japońskiej firmie – w jednej zamkniętej i coraz bardziej kurczącej się przestrzeni. W związku z tym historia rozgrywa się w więzieniu i dusznym wszechświecie. Dla narratora jedynym rozwiązaniem jest sterylizacja. W spektaklach regularnie rzuca się z okien. Twierdzi, że ta fikcyjna ucieczka uratowała jej życie.

Faktyczne wyjście z biura odbywa się na końcu. Po roku pracy narrator prosi ją, by nie przedłużała kontraktu. Opuszczenie Yumimoto oznaczałoby koniec i niepowodzenie jej przygód w Japonii, powrót do Europy i wejście w świat literatury.

INNOŚĆ

Wchodząc do Yumimoto, narratorka, Belgijka urodzona w Japonii, próbuje dopasować się do swojego rodzinnego miasta. Gdy szuka wyjaśnienia zachowania kolegi, zawsze obwinia siebie za własne dziwactwo. Ponieważ nienawidzi tego, co nazywają "zachodnim kompleksem niższości umysłowej".

To upośledzenie wyjaśniałoby, dlaczego Amelie nie mogła wykonywać pracy, którą mogliby wykonywać inni japońscy pracownicy. Kulminacją tej sytuacji jest prawdopodobnie moment, w którym pan Saito nakazuje narratorowi przestać rozumieć japoński. Pociesza się, że w porównaniu z innymi ludźmi jest ograniczona. Porządek ten oddziela ją także od grup, do których należy. Chce zostać Japonką, ale jej przełożeni pokazują jej, że jedynym sposobem, w jaki jest akceptowana w Yumimoto, jest pozostanie obcokrajowcem, czyli nie-Japończykiem. Konflikt jest pokazany w powieści na konkretnym przypadku narratora.

Odmowa ze strony Japończyków prowadzi do wyrzucenia jej z firmy, prosząc o nieprzedłużanie kontraktu. Otrzymuje wiadomość z gratulacjami. Ta wiadomość, która daje uznanie narratorce, napełnia ją radością. Jednak jest już za późno, gdy Amelia opuściła już kraj, aby zamieszkać w Europie.

Wszechobecny humor powieści jest ściśle związany z tematem bycia innym. Narratorka wykorzystuje samoośmieszenie, aby podkreślić zarówno upokorzenie swojej pozycji w Yumimoto, jak i niekompetencję w niektórych zadaniach (wywołuje sympatię i życzliwość). Narrator używa również sarkazmu do opisania niektórych japońskich zwyczajów.

Z definicji sarkazm nie ma dystansu. Jedynymi ludźmi, którzy uważają to za ironiczne, są ci, którzy mają takie same ramy i przekonania jak osoba, która to stwierdza, czyli nie-japońscy czytelnicy z Zachodu. Amelie stawia się w dziwniejszej sytuacji innych osób w tej historii, ale humor strategii opowiadania historii pomaga przekształcić Japończyków w innych, z którymi borykają się globalni "my", w tym narrator i zachodni czytelnicy.

PRZETYTAJ TAKŻE

KILKA PYTAŃ DO PRZEMYŚLENIA...

- Przyjrzyj się incipitowi książki *"Strach i drżenie"*. W jaki sposób wprowadza on w tematy i wydarzenia poruszane w powieści?

- W tej powieści, gdzie relacje hierarchiczne są kluczowe, jest wiele scen, w których bohater poniża innego bohatera. Jak w tej powieści przedstawiona jest relacja dręczyciel--ofiara? Jakie postacie są zaangażowane w tę relację?

- W *Strachu i drżeniu* pojawia się długi fragment protestujący przeciwko losowi Japonki. Czy to oznacza, że powieść można uznać za dzieło feministyczne? Uzasadnij swoją opinię.

- Narrator komentuje imiona kilku postaci. Jaki związek tworzy między tymi nazwiskami a osobami, które je noszą?

- Narrator klasyfikuje większość bohaterów w kategorie według piękna i brzydoty. Jak opisane są te postacie? Jakie cechy są związane z wyglądem? Jaką rolę odgrywa wygląd w ocenie bohaterów przez narratora?

- Podczas nudy narratorka lubi w wyobraźni rzucać się przez okno lub podziwiać Fubuki. Wzrok jest więc zmysłem, który w powieści jest szczególnie podkreślany. Dlaczego? Co ten zmysł reprezentuje, mówiąc symbolicznie?

- Jaki obraz Japonii i jej społeczeństwa przekazuje powieść? Czy ten obraz jest jednoznaczny?

- Autorka nazywa Japonię swojego dzieciństwa miejscem mitologicznym. O swoim japońskim dzieciństwie mówi również w *Charakterze deszczu*. Jak ta książka przedstawia Japonię jako miejsce mitologiczne?

- Filmowa adaptacja Alaina Corneau jest bardzo wierna tekstowi Nothomba, z lektorem czytającym całe streszczenia powieści. Jakie są Twoim zdaniem mocne i słabe strony tego wyboru?

PRZECZYTAJ TAKŻE

WYDANIE REFERENCYJNE

Nothomb, A. (2002) *Strach i drżenie*. Trans. Hunter, A. St. Martin's Griffin: New York.

BADANIA REFERENCYJNE

Amanieux, L. (2005) *Amélie Nothomb, l'éternelle affamée*. Paris: Albin Michel.

Amanieux, L. (2009) *Le Récit siamois: identité et personnage dans l'œuvre d'Amélie Nothomb*. Paris: Albin Michel.

Narjoux, H. (2004) *Nothomb, Stupeur et tremblements*. Paris: Elipsa.

ADAPTACJE

Strach i drżenie (Fear and Trembling) (2002) [Film]. Alain Corneau. France: Canal+.

Chcemy usłyszeć od Ciebie, co się dzieje!
Zostaw komentarz na temat swojej internetowej biblioteki
i podziel się swoimi ulubionymi książkami w mediach społecznościowych!

www.50minutes.com

Master ISBN: 9782808693929
Papierowy ISBN: 9782808615327
Depozyt prawny: D/2023/12603/1812

Verhaal: © Primento

Projekt cyfrowy: Primento, cyfrowy partner wydawców.